VENTE DU LUNDI 14 DÉCEMBRE 1908

HOTEL DROUOT, SALLE N° 8

à deux heures précises

Estampes Anciennes

Principalement de l'École Anglaise du XVIIIe siècle

PERSONNAGES CÉLÈBRES

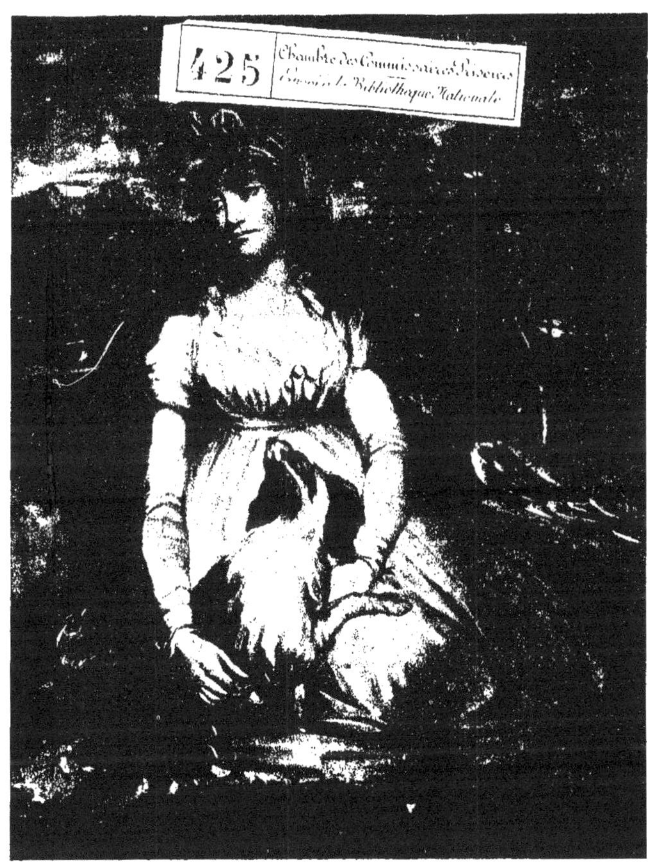

N° 95 du Catalogue

COMMISSAIRE-PRISEUR

Mᵉ HENRI BERNIER

11, rue Saint-Lazare

EXPERTS

MM. M. PAULME ET B. LASQUIN FILS

10, rue Chauchat | 12, rue Laffitte

EXPOSITION PUBLIQUE

Le Dimanche 13 Décembre, de 2 heures à 6 heures

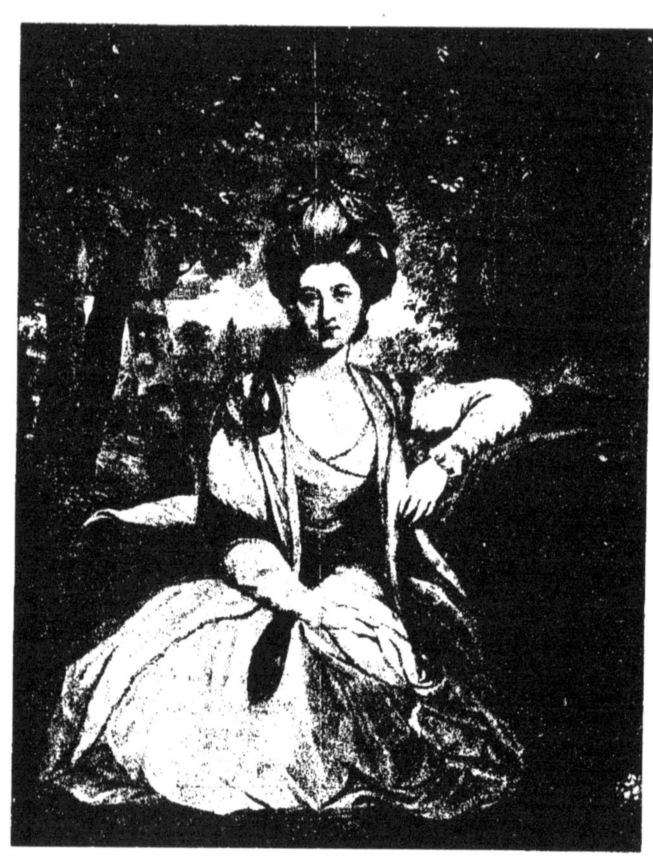

N° 102 du Catalogue

CATALOGUE

DES

Estampes Anciennes

PRINCIPALEMENT DE

L'ÉCOLE ANGLAISE DU XVIIIe SIÈCLE

Imprimées en noir et en couleurs

PERSONNAGES CÉLÈBRES

Des dix-huitième et dix-neuvième siècles

Célébrités Artistiques et Littéraires

De l'ALLEMAGNE, de l'ANGLETERRE et de la FRANCE

Par ou d'après

ALIX, ARDELL, BARTOLOZZI, BEECHEY, CHEESMAN, COSWAY, COTES, DOWNMANN, GAINSBOROUGH, GARDNER, V. GREEN, J. HOPPNER, N. LAWREINCE, SIR TH. LAWRENCE, OPIE, SIR J. REYNOLDS, W. REYNOLDS, J. RUSSELL, J.-R. SMITH, W. WARD, ETC.

DONT LA VENTE AUX ENCHÈRES PUBLIQUES

AURA LIEU

HOTEL DROUOT, SALLE N° 8

LE LUNDI 14 DÉCEMBRE 1908

A DEUX HEURES PRÉCISES

EXPOSITION PUBLIQUE

Le Dimanche 13 Décembre 1908, de 2 heures à 6 heures

COMMISSAIRE-PRISEUR

Me HENRI BERNIER, 11, rue Saint-Lazare

EXPERTS

MM. PAULME & B. LASQUIN FILS

10, rue Chauchat | 12, rue Laffitte

PARIS

lesquels se distribue le présent Catalogue

CONDITIONS DE LA VENTE

Elle aura lieu expressément au comptant.

Les adjudicataires paieront *dix pour cent* en sus des prix d'adjudication.

L'exposition publique permettant aux amateurs de se rendre compte de l'état et de la nature des estampes mises en vente, aucune réclamation, pour quelque cause que ce soit, ne sera admise une fois l'adjudication prononcée.

Les experts se réservent la faculté de diviser ou rassembler les lots.

Ils rempliront aux conditions d'usage les commissions que les amateurs n'assistant pas à la vente voudraient leur confier.

L'ordre numérique sera suivi.

N. B. — Les estampes ne seront visibles que le jour de l'exposition publique, ou le jour de la vente, avant la vacation, de une heure à deux heures.

Paris. — Imp. de l'Art, Ch. Berger, 41, rue de la Victoire.

DÉSIGNATION

ALIX (P.-M.)

1 — *J^n Ch^les Le Vacher de Charnois,* d'après Violet.

Superbe épreuve imprimée en couleurs; marge.

2 — *G.-H. Sievekins,* sans nom de peintre.

Très belle épreuve imprimée en couleurs; marge.

3 — *Guillaume-Thomas Raynal,* d'après Garnerey.

Très belle épreuve imprimée en couleurs; marge.

4 — *Le Général Berthier,* d'après le Baron Gros.

Superbe épreuve imprimée en couleurs; marge.

5 — *Cambacérès, Bonaparte, Lebrun,* d'après Van Gorp.

Groupe des trois personnages; au-dessous, scène de la présentation, au Premier Consul, de l'Acte constitutif qui fixe le Consulat à vie, d'après Duplessis-Bertaux.

Superbe épreuve imprimée en couleurs; marge.

6 — *Augereau,* d'après Hilaire Le Dru.

Superbe épreuve avant toutes lettres; petite marge.

AMÉRIQUE (Portraits relatifs à l')

7 — *Benjamin Francklin,* par J. Martin, d'après C.-N. Cochin.

Belle épreuve, rare.

AMÉRIQUE (Portraits relatifs à l')

8 — *Francklin*, médaillon ovale, par P.-M. Alix, d'après Vanloo.

Très belle épreuve imprimée en couleurs; marge.

9 — *Francklin*, médaillon ovale, par F. Janinet.

Superbe épreuve imprimée en couleurs avant la lettre; marge.

10 — *Mrs Martha Washington*, par et d'après Woolley.

Très belle épreuve en manière noire.

11 — *Rafaël Urdaneta*, général en chef des libérateurs de la Colombie.

Gravé en manière noire, par S.-W. Reynolds.
Superbe épreuve; petite marge.

12 — *The Honble Jean Hancock*, d'après Littleford. — *George Washington*, par Campbell. — *Charles Lee, Esqr*, d'après Thomlinson. — *Major Robert Rogers*. — *Colonel Arnold*. — *Commodore Hopkins*. — *David Wooster, Esqr*.

Sept portraits en manière noire; petite marge.

13 — *Horatio Gates, Esqr*. — *The R. H. Richard Lord Howe*. — *Sir Jeffery Amherst*. — *The Honble Sr Wm Howe*. — *The Honble Robert Monckton*.

Cinq portraits en manière noire; petite marge.

14 — *John Paul Jones*, amiral.

Très belle épreuve; marge.

ARDELL (M.)

15 — *Miss Kitty Fisher*, in the character of Cleopatra.

Superbe épreuve avant la lettre; petite marge.

ARDELL (M.)

16 — *Charlotte, queen of great Britain.*

Superbe épreuve.

17 — *Portrait de Jeune Femme,* d'après Vander Myn.

Très belle épreuve; petite marge.

BARTOLOZZI (F.)

18 — *The Right Honble Lady Catherine Beauclerk,* d'après J. Cotes.

Médaillon ovale, imprimé en rouge.
Superbe épreuve; marge.

19 — *Henrietta Frances Viscountess Duncannon,* d'après Lavinia Countess Spencer.

Superbe épreuve; marge.

20 — *The R. H^ble^ Countess Cowper,* d'après W. Hamilton.

Superbe épreuve imprimée en couleurs; avec marge.

21 — *Ther Graces the Duke and dutchess of Marlborough, etc.*, d'après Shelley.

Charmante estampe imprimée en bistre; marge.

22 — *Georgiana dutchess of Devonshire,* d'après J. Nixon.

Très belle épreuve; marge.

23 — *The Honble Elizabeth Vernon, countess of Harcourt,* d'après Aug. Kauffman.

Superbe épreuve en bistre; marge.

BEECHEY (D'après Sir W.)

24 — *H. R. H. the Duchess of Kent and Princess Victoria,* par W. Skelton.

Superbe épreuve à toute marge.

BEECHEY (D'après Sir W.)

25 — *Sir William Beechey. R. A.*, peintre de Sa Majesté, par S. Reynolds.

Magnifique épreuve (*first-proof*) avant toutes lettres, avec la légende manuscrite au crayon pour servir de modèle au graveur.

26 — *H. R. H. William Frederick Duke of Gloucester and Edinburgh, etc.*, par W. Say.

Superbe épreuve à grande marge.

27 — *H. R. H. the Duchess of Wurtemberg. — H. R. H. Princess Amelia. — H. R. H. Princess Augusta. — H. R. H. Princess Sophia.*

Quatre portraits par Cheesman et Geremia.
Très belles épreuves avec marge.

BOUNIEU (D'après)

28 — *Madame Macauley*, par Hubert.

Très belle épreuve, marge.

BRICEAU

29 — *L'Héroïne de Noyon* (Catherine Vassent de Noyon, âgé de XX ans).

Superbe épreuve imprimée en couleurs d'un portrait rare.

CARDON (A.)

30 — *The Right Honble Lady Adelaïde Forbes.*

Très belle épreuve ; petite marge.

CHEESMAN

31 — *His Royal Highness the Duke of Kent*, d'après Muller.

Superbe épreuve imprimée en couleurs.

CLINT (D'après G.)

32 — *Miss Foote*, actrice, par Th. Lupton.

Très belle épreuve, marge.

CONDÉ et REYNOLDS

33 — *Mdme Rose Didelot*, dans le rôle de Calipso, Ballet de « Télémaque », d'après C. Henard.

Très belle épreuve; grande marge.

34 — *Le même portrait.*

Superbe épreuve ; très petite marge.

COQUERET et LACHAUSSÉE

35 — *Berthier*, Maréchal de France, en pied, d'après M. Boze.

Très belle épreuve ; marge.

36 — *Jourdan*, Maréchal de France, en pied, d'après Hilaire Le Dru.

Très belle épreuve; marge.

37 — *Masséna*, Maréchal de France, en pied, d'après Hilaire Le Dru.

Superbe épreuve avant toute lettre ; petite marge.

38 — *Le même portrait.*

Très belle épreuve avec la lettre ; marge.

COSWAY (D'après R.)

39 — *Mrs Robinson*, par Condé. — *Henrietta Laura Pulteney*, par Bartolozzi.

Deux petits portraits en bistre, le second avant la lettre : marge.

40 — *Miss Wools*, par Dawe.

Très belle épreuve ; petite marge.

COTES (D'apres F.)

41 — *Carolina Mathilda, Queen of Denmark,* par J. Watson.

Superbe épreuve de premier état avant toutes lettres, la légende tracée au crayon ; marge.

42 — *Le même portait.*

Très belle épreuve ; marge.

43 — *The R. Hble Lady Susan O'Brien,* par J. Watson.

Superbe épreuve ; petite marge.

DEMARTEAU (G.)

44 — *Marie-Nicolas-François de Bourgogne, chanoine de l'église de Reims,* d'après C.-N. Cochin le fils.

Très belle épreuve imprimée à la sanguine.

45 — *Jules-François de Cotte,* etc., d'après Carême.

Belle épreuve imprimée à la sanguine (N° 490) ; marge.

DICKINSON (W.)

46 — *Catharine II de, impératrice de toutes les Russies.*

Très belle épreuve; petite marge.

DIVERS

47 — *Mrs Siddons,* par Burke. — *Mrs Glover,* par Cardon. — *Miss M'Alpine,* par J. Bell.

Trois petits portraits en belles épreuves; marge.

48 — *Ann. Mary Hodges,* par Parker. — *Miss Duncan,* par Cardon. — *Miss O'Neill,* par Meyer. — *Baronne de Staël,* par Leney.

Quatre petits portraits ; marge.

DIVERS

49 — *Mary, Isabella Duchess of Rutland. — Charlotte, queen of great Britain. — Dutchess of Gloucester. —H. R. H. the Princess of Wirtemberg. — Princess of Wales. — Dutchess of York. — Marchioness of Thomond.*

Huit petits portraits ; marge.

50 — *Baroness Arden. — Queen Charlotte. — Carolina, Amelia, Princess of Wales. — Lady Thurlow. — Lady Charlotte Campbell. — Lady Curton.*

Six petits portraits ; marge.

51 — *Susan Viscountess Ebrington. — Lady Lucy Eleanor Lowther. — Mary Elizabeth Kitty. — Lady Mary Arundell. — Countess of Jersey.*

Cinq petits portraits ; marge.

52 — *Mrs Maria Edgeworth. — Lady Gertrude Fitzpatrick. — Marchioness Cornwallis. — Lady Melville. Louisa Countess Craven. — The Marchioness of Tavistock. — Mrs Damer. — Countess Dowager of Kingston. — Princess Sophia of Gloucester.*

Neuf petits portraits ; marge.

53 — *Eon de Beaumont.*

Quatre portraits différents de ce célèbre personnage. Belles épreuves ; marge.

54 — *H. R. H. The Princess Augusta-Sophia. — Charlotte queen of great Britain. — H. M. Queen dowager of Wirtenberg.*

Trois portraits par Skelton, Collyer, Harding. Très belles épreuves ; marge.

D. M. F.

55 — *Portrait d'Elizabeth Alexander*, âgée de 104 ans; dédié au président et membres de la Société des Antiquaires et de tous les amateurs de l'antique.

Très belle épreuve d'une estampe signée du monogramme ci-dessus; marge.

DOWNMANN (D'après)

56 — *Lady Elisabeth Foster* (après Duchesse de Devonshire), par Car. Watson.

Superbe épreuve en bistre; marge.

DREVET (P.)

57 — *Adrienne Le Couvreur*, d'après Ch. Coypel.

Très belle épreuve; petite marge.

DRYER (Par et d'après H.)

58 — *H. R. H. The Duchess of Gloucester*, dessiné et gravé d'après nature.

Superbe épreuve; petite marge (un coin déchiré).

DUTHE

59 — *L'Innocence reconnue*, de Marie-Françoise-Victoire Salmon.

Belle épreuve imprimée en couleurs; marge.

EARLOM

60 — *The R. H^{ble} Lord Nelson K. B.*, célèbre amiral anglais, d'après L.-F. Abbott.

Superbe épreuve; grande marge.

EVANS (W.)

61 — *Jane, Dutchess of Gordon*, d'après W. Lane.
Superbe épreuve; marge.

FREEMAN

62 — *Les Filles de Georges III.*
Cinq petits portraits en médaillons ; avec marge.

GAINSBOROUGH (D'après T.)

63 — *Georgina, Duchess of Devonshire*, par H. Meyer, d'après un dessin de Jackson.
Très belle épreuve ; marge.

64 — *Henry, Duke of Buccleuch*, par Dixon.
Superbe épreuve.

GARDNER (D'après)

65 — *Frances Countess of Jersey*, par T. Watson.
Très belle épreuve ; petite marge.

66 — *Mrs Swinburne*, par W. Doughty.
Très belle épreuve ; petite marge.

GÉRARD (D'après le Baron)

67 — *Portrait de l'Impératrice Marie-Louise.*
Très belle épreuve sans aucunes lettres ; marge.

68 — *S. M. la Reine Hortense*, par C.-S. Pradier.
Superbe épreuve avant la dédicace ; marge.

69 — *Mlle Mars*, par F. Lignon.
Superbe épreuve avant la lettre; grande marge.

GÉRARD (D'après le Baron)

70 — *Mlle Mars*, par F. Lignon.

Belle épreuve terminée ; grande marge.

71-72 — *A.-L.-G. Necker, baronne de Staël*, par Laugier.

Deux épreuves avec marge.

GREEN (Valentine)

73 — *Son Portrait*, célèbre graveur anglais en manière noire du XVIIIe siècle, d'après L.-F. Abbott.

Très belle épreuve ; petite marge.

GROZER (J.)

74 — *Ann. Yearsley*, the Bristol Milkwoman, d'après Sarah Shiells.

Très belle épreuve.

GUTTENBERG (C.)

75 — *Catherine II, Impératrice de toutes les Russies*, d'après Rotari.

Très belle épreuve ; marge.

HAYTER (D'après J.)

76 — *Mrs Arbuthnot*, lithographie, par W. Sharp.

Belle épreuve ; grande marge.

HENTZI (D'après)

77 — *Frederica-Louise-Wilhelmina*, Princesse de Prusse.

Très belle épreuve en manière noire, sans nom de graveur ; petite marge.

78 — *Frederica-Sophia-Wilhelmina*, Princesse d'Orange.

Très belle épreuve en manière noire, sans nom de graveur ; marge.

HODGES (Par et d'après)

79 — *Brune*, Maréchal de France.

Superbe épreuve avec la lettre ouverte ; marge.

80 — *Le même portrait.*

Superbe épreuve du même état que la précédente.

HOPPNER (D'après J.)

81 — *The R. H. Thomas Grenville, M. P.*, gravé par C. Turner.

Très belle épreuve ; petite marge.

82 — *Lord Chatham*, gravé par C. Turner.

Magnifique épreuve avant la lettre; petite marge.

83 — *The R. H. Lord Viscount Cathcart*, gravé par H. Meyer.

Superbe épreuve ; marge.

84 — *The R. H. Lady Jane Dundas*, gravé par F. Bartolozzi.

Deux épreuves : l'une à toute marge, l'autre avec petite marge.

85 — *Colonel Fyers, royal Engineers*, gravé par H. Meyer.

Très belle épreuve ; marge.

86 — *The R. H. William Windham M. P.*, gravé par W. Say.

Superbe épreuve ; petite marge.

87 — *J. W. Payne Esqr, Amiral.*

Superbe épreuve avec la lettre ouverte et sans nom de graveur ; petite marge.

88 — *The R. H. Lord Hugh Seymour*, gravé par S. W. Reynolds.

Superbe épreuve ; marge.

HOPPNER (D'après J.)

89 — *Earl Grosvenor*, gravé par J. Young.
Très belle épreuve ; marge.

90 — *The R. H. Lord Grenville*, gravé par S. W. Reynolds.
Superbe épreuve ; marge.

91 — *The R. H. William Pitt*, gravé par G. Clint.
Très belle épreuve ; marge.

92 — *The R. H. George Canning*, gravé par Young.
Superbe épreuve ; petite marge.

93 — *Marquiss of Thomond*, gravé par S.-W. Reynolds.
Superbe épreuve ; marge.

94 — *E^th^ Coun^s^ of Mexborough*, gravé par W. Ward.
Belle épreuve ; petite marge.

95 — *Lady Charlotte Greville*, gravé par J. Young.
Magnifique épreuve du premier état, avant la lettre, de ce beau portrait ; marge.
(*Voir la reproduction sur la couverture du Catalogue.*)

HOUSTON (Rich.)

96 — *Portrait de Femme*, assise auprès d'une table, d'après Zoffany.
Superbe épreuve avant la lettre; marge.

JACKSON (D'après J.)

97 — *Mrs Sarah Trimmer*, par E. Scriven.
Très belle épreuve ; marge.

JONES (John)

98 — *The R. H. William Pitt*, chancelier de l'Échiquier.
Superbe épreuve ; marge.

KLAUBER (I. S.)

99 — *Marie Feodorovna*, Impératrice de toutes les Russies, d'après Kugelgen.

Très belle épreuve ; marge.

LAWREINCE (D'après N.)

100 — *Nina*, par Colinet (Portrait de Mlle Dugazon, dans le rôle de Nina ou la Folle par amour).

Superbe épreuve en bistre avec des essais de roulette dans la marge du cuivre ; marge.

LAWRENCE (D'après Sir Thomas)

101 — *Elizabeth Marchioness of Stafford*, gravé par H. Meyer.

Très belle épreuve ; grande marge.

102 — *Th. R. H. Edward Pellew*, *Baron Exmouth*, Amiral commandant la flotte bleue, gravé par C. Turner.

Très belle épreuve ; petite marge.

103 — *Elizabeth*, *Dutchess of Devonshire*, gravé par F.-C. Lewis, d'après un dessin.

Très belle épreuve ; marge.

104 — *Lieutenant-Général Sir John Moore K. B.*, gravé par C. Turner.

Superbe épreuve ; grande marge.

105 — *The Lady Georgina Fane*, gravé par C. Turner.

Superbe épreuve ; grande marge.

106 — *The Right Honble Robert Peel, M. P.*, gravé par C. Turner.

Très belle épreuve ; grande marge.

LAWRENCE (D'après Sir Thomas)

107 — *Mrs Littleton*, gravé par C. Turner.
Superbe épreuve ; grande marge.

108 — *Richard, Marquess Wellesley*, gravé par C. Turner.
Magnifique épreuve avec la lettre ouverte ; grande marge.

109 — *The R. H. Robert Banks Lord Hawkesbury*, gravé par Jo Young.
Superbe épreuve avec lettre tracée (*proof*) ; marge.

110 — *Sir Thomas Le Breton*, bailli de Jersey, gravé par C. Turner.
Superbe épreuve ; marge.

111 — *Countess Grey et ses deux filles*, gravé par S. Cousins.
Superbe épreuve ; grande marge.

112 — *Georges, Earl of Essex.*
Superbe épreuve sans marge, probablement avant la lettre.

113 — *Joseph Cotton, Esqr F. R. S.*, gravé par C. Turner.
Superbe épreuve ; petite marge.

114 — *Mrs Wolff*, gravé par S. Cousins.
Superbe épreuve ; grande marge.

115 — *William Howley, D. D. F. R. S.*, évêque de Londres, gravé par C. Turner.
Deux épreuves, avec marge.

116 — *Charles Viscount Whitworth*, Ambassadeur en France, gravé par C. Turner.
Superbe épreuve ; marge.

117 — *Sir Astley Paston Cooper Bart F. R. S.*, gravé par S. Cousins.
Très belle épreuve ; marge.

LAWRENCE (D'après Sir Thomas)

118 — *The R. H. George Canning, M. P.*, gravé par C. Turner.

Très belle épreuve; grande marge.

119 — *The R. H. George Canning, M. P.* Autre portrait du maître, gravé par W. Say.

Superbe épreuve; petite marge.

120 — *The R. H. Frederick John Robinson*, gravé par C. Turner.

Très belle épreuve; grande marge.

121 — *The R. H. William, Earl of Lonsdale, K. G.*, gravé par H. Meyer.

Superbe épreuve; marge.

122 — *J.-P. Kemble, Esqr*, gravé par W. Say.

Superbe épreuve; petite marge.

123 — *John, earl of Westmorland*, gravé par S.-W. Reynolds et S. Cousins.

Superbe épreuve; grande marge.

124 — *John-Philpot Curran, Esqr*, gravé par J.-R. Smith.

Superbe épreuve; marge.

125 — *Earl of Liverpool*, gravé par C. Turner.

Superbe épreuve avant la lettre; grande marge.

LEVACHEZ (Chez)

126 — *Mad^e Belmont*, dans *Fanchon la Vièleuse* (sic).

Belle épreuve en couleurs; marge.

LITHOGRAPHIES

127 — *Mme de Staël.* — *Mme Lavalette.* — *Mlle Noblet.* — *Impératrice Joséphine.*

Quatre pièces, par Hesse, Grevedon et autres.

LOCATELLI (D'après Antonio)

128 — *S. A. Impériale la Principessa Aug. Amal. di Baviera,* par P. Caronni.

Superbe épreuve; marge.

MARTIN (David)

129 — *The R. H. Lady Frances Manners,* d'après le même artiste.

Superbe épreuve; marge.

MECHEL

130 — *Charles-Louis, archiduc d'Autriche,* Feld-maréchal des armées impériales.

Superbe épreuve imprimée en couleurs; marge.

MEE (D'après Ann.)

131 — *Princess Amèlia.* — *Lady Heathcote.* — *Countess of Charlemont.*

Trois portraits par J. Agar.
Très belles épreuves avec marge.

MEYER (H.)

132 — *Manuella Sancho,* the Heroïne of Saragossa ; d'après L. Hoppner.

Superbe épreuve ; marge.

133 — *Miss S. Booth,* d'après Pickersgill.

Très belle épreuve ; marge.

MORRET

134 — ***Bonaparte, Premier Consul,*** d'après Appiani.
Magnifique épreuve imprimée en couleurs ; marge.

OPIE (D'après J.)

135 — *Son portrait*, gravé par H. Dawe.
Superbe épreuve ; petite marge.

PUJOS (D'après)

136 — ***Richard de Ledans***, ancien gouverneur des Pages, sans nom de graveur.
Superbe épreuve imprimée en couleurs.

READ (D'après C.)

137 — *Miss Beatson*, par J. Watson.
Superbe épreuve avant toutes lettres ; petite marge.

REYNOLDS (D'après Sir J.)

138 — *Edmund Burke, Esqr*, gravé par J. Watson.
Très belle épreuve.

139 — *Richard Burke*, fils du précédent, gravé par J. Ward.
Superbe épreuve ; petite marge.

140 — *Sir George Bridges Rodney Bart*, Amiral de la flotte blanche, gravé par J. Watson.
Très belle épreuve.

141 — *Lord Cardross*, gravé par J. Fintayson.
Très belle épreuve ; petite marge.

REYNOLDS (D'après Sir J.)

142 — *The R. H. William Ponsonby, viscount Duncannon*, gravé par J. Grozer.

Superbe épreuve ; petite marge.

143 — *Henry Hope, Esqr, of Amsterdam*, gravé par Hodges.

Bonne épreuve ; petite marge.

144 — *John Mudge*, M. D. J. R. S., gravé par W. Dickinson.

Superbe épreuve avec la lettre tracée ; marge.

145 — *Jeffery Amherst*, gravé par J. Watson.

Superbe épreuve du premier état avant la lettre ; petite marge.

146 — *Henry, Earl of Pembroke and Montgomery*, gravé par F. Dixon.

Très belle épreuve ; petite marge.

147 — *Marquis of Tavistock, 1767*, gravé par J. Watson.

Belle épreuve ; petite marge.

148 — *The Hon*ble *Augustus Keppel*, amiral de la flotte bleue, gravé par W. Douglas.

Superbe épreuve du premier état avant la lettre ; l'inscription manuscrite ; petite marge.

149 — *Sir George Bridges Rodney Bar*t, gravé par W. Dickinson.

Superbe épreuve ; petite marge.

150 — *The R.-H. John Hely Hutchinson*, gravé par J. Watson.

Très belle épreuve ; petite marge.

REYNOLDS (D'après Sir J.)

151 — *Sir Joshua Reynolds*, gravé par S.-W. Reynolds.
Superbe épreuve; petite marge.

152 — *Alexander Lord Loughborough*, gravé par J. Grozer.
Superbe épreuve de premier état, avec la lettre tracée; petite marge.

153 — *The R.-H. Charles James Fox*, gravé par J. Jones.
Très belle épreuve; petite marge.

154 — *Prince William Frederick*, gravé par C. Watson.
Très belle épreuve; marge.

155 — *Mary Isabella, Dutchess of Rutland*, gravé par J.-K. Sherwin.
Très belle épreuve; petite marge.

156 — *Caroline Dutchess of Marlborough, with Lady Caroline Spencer her daughter*, gravé par R. Houston.
Très belle épreuve; petite marge.

157 — *Miss Powel*, gravé par R. Houston.
Superbe épreuve du premier état avant la lettre; petite marge.

158 — *Barbara, Countess of Coventry*, gravé par J. Watson.
Épreuve manquant de conservation.

159 — *Mrs Abington*, gravé par E. Judkins.
Très belle épreuve; petite marge.

REYNOLDS (D'après Sir J.)

160 — *Jane, Dutchess of Gordon*, gravé par W. Dickinson.

Superbe épreuve ; grande marge.

161 — *The Honorable Mrs Stanhope*, gravé par Car. Watson.

Très belle épreuve; marge.

162 — *Viscountess Bayham* (depuis Marquise Camden), gravé au pointillé par Schiavonetti.

Superbe épreuve de l'unique état avant toutes lettres (*private plate*) ; grande marge.

(*Voir la reproduction au revers de la couverture du présent Catalogue.*)

REYNOLDS (S. W.)

163 — *Elizabeth Duchess of Buccleuch and Queensberry*, d'après W. Owen.

Superbe épreuve (proof); marge.

164 — *The Honble Mrs Agar Ellis*, d'après J. Jackson.

Superbe épreuve; grande marge.

165 — *Madame Vestris as Mrs Page*, d'après S. Lover, dans les " Joyeuses Commères de Windsor ".

Superbe épreuve d'artiste (proof); avec grande marge.

166 — *Miss Chester*, d'après J. Jackson.

Superbe épreuve ; grande marge.

ROMNEY (D'après G.)

167 — *The R.-H. James Brudenell, earl of Cadigan, etc.*, gravé par J. Crozer.

Belle épreuve; petite marge.

168 — *Charles, Duke of Richmond, etc., 1778*, gravé par J. Watson.

Superbe épreuve avec la lettre tracée ; petite marge.

ROMNEY (D'après G.)

169 — *General The Honble sir Charles Stuart K.-B.*, gravé par S.-W. Reynolds.

Superbe épreuve du premier état avec lettre tracée.

170 — *Right Revd Chr. Wilson D.-D.*, gravé par J. Jones.

Très belle épreuve.

171 — *The Honble Right Revd Edwd Venables Vernon. L.-L.-D. Lord Bishop of Carlisle*, gravé par C. Turner.

Superbe épreuve; petite marge.

172 — *The R.-H. Charles Lord Hawkesbury*, gravé par J. Murphy.

Très belle épreuve; petite marge.

173 — *Mrs Crouch*, gravé par F. Bartolozzi.

Très belle épreuve avec marge.

174 — *Lady Hamilton*, en Diane, gravé par C. Knight.

Très belle épreuve imprimée en bistre tirée avec un cache sur le titre; marge.

ROSENBERG (D'après)

175 — *His most excellent Majesty George the Third*, à l'âge de 74 ans.

Curieux portrait, gravé par Havell.
Superbe épreuve en couleurs ; marge.

RUSSEL (D'après J.)

176 — *Mrs Fitzherbert*, gravé par J. Collyer.

Superbe épreuve à grande marge.

177 — *Miss Russell*, par J. Wright.

Superbe épreuve.

SHEE (D'après M.-A.)

178 — *Lavinia, Countess Spencer*, par C. Turner.

Superbe épreuve avec lettre ouverte ; petite marge.

179 — *The late Mrs Pope, as Juliet,* morte sur le théâtre, en jouant Desdémone, par W. Ward.

Superbe épreuve ; marge.

SHERWIN (Par et d'après)

180 — *Mrs Siddons as Grecian daughter.*

Superbe épreuve ; marge.

181 — *The Honble Mrs Ward.*

Très belle épreuve ; petite marge.

SMITH (J.-R.)

182 — *Mrs Fitz William*, d'après J.-R. Smith.

Superbe épreuve imprimée en couleurs ; petite marge.

SMITH (J.-R.)

183 — *The R. Hble Lady Elizabeth Compton*, d'après W. Peters.

Très belle épreuve ; petite marge.

184 — *Miss Berridge*, d'après Berridge.

Superbe épreuve (un coin déchiré).

STEWART (John)

185 — *Miss Paton*, as Susanna, dans le "Mariage de Figaro".

Très belle épreuve sur Chine ; grande marge.

STUMP (S.-I.)

186 — *Miss Mellon.*

Superbe et rare épreuve imprimée en couleurs ; marge.

TARDIEU (P.-A.)

187 — *Portrait de Jeune Femme*, tenant une miniature, d'après Kimly.

Superbe épreuve avant la lettre ; grande marge.

TOMKINS (P.-W.)

188 — *Miss Linwood.*

Superbe épreuve ; marge.

TURNER (Ch.)

189 — *Marie-Thérèse, Charlotte de France*, Madame Duchesse d'Angoulême, d'après H. Villiers.

Superbe épreuve ; grande marge.

TURNER (Ch.)

190 — *Miss Duncan*, d'après G.-H. Harlow.

Magnifique et très fraîche épreuve imprimée en couleurs. marge.

VIGÉE-LEBRUN (D'après Mme)

191 — *Son Portrait*, par J.-G. Muller.

Superbe épreuve ; petite marge.

192 — *La Tendresse maternelle* (Portrait de l'artiste avec sa fille), par Avril.

Très belle épreuve ; marge.

193 — *Elisabeth Alexiewna*, Grande-duchesse de toutes les Russies, par S. Klauber.

Superbe épreuve à toute marge.

WALKER (J.)

194 — *Catherine II*, Impératrice de toutes les Russies, en costume de général, d'après Schebanoff.

Superbe épreuve ; marge.

WARD (J.)

195 — *Joseph Wright, Esq*r, d'après un portrait peint par lui-même.

Superbe épreuve ; petite marge.

196 — *Miss Goodhall*, d'après T. Ellerby.

Superbe épreuve (proof) ; grande marge.

WESTALL (D'après R.)

197 — *Miss Fanny Ayton*, par G.-H. Phillips.

Très belle épreuve (proof) ; à toute marge.

WRIGHT (Thomas)

198 — *Her Highness the Princess Victoria* (la Reine Victoria), d'après C. Smith.

Belle épreuve en lithographie ; grande marge.

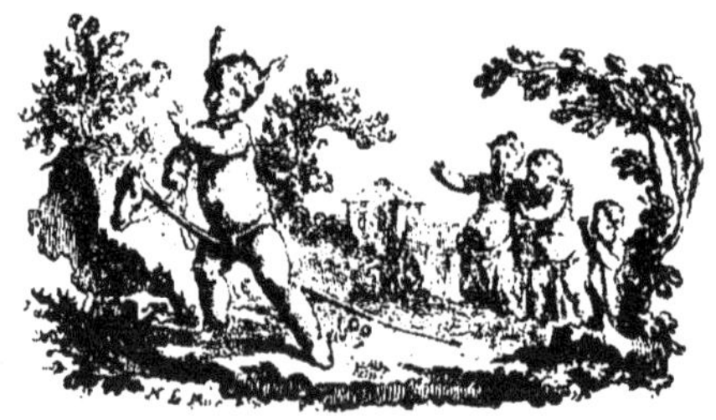

www.ingramcontent.com/pod-product-compliance
Ingram Content Group UK Ltd.
Pitfield, Milton Keynes, MK11 3LW, UK
UKHW020527180726
13839UKWH00005B/2358